# *al*mas FLA*men*cas

# al mas FLA men cas

PEPA CANO

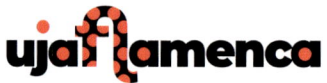

ACTIVIDAD ENMARCADA EN LA EFEMÉRIDE DEL DÍA DEL FLAMENCO "16 DE NOVIEMBRE"

## EXPOSICIÓN

**Almas flamencas de Pepa Cano**
Del 12 de noviembre de 2024 al 17 de enero de 2025
Sala Multifuncional, Antigua Escuela de Magisterio, Jaén

### ORGANIZA
Servicio de Actividades Culturales.
Vicerrectorado de Cultura. Universidad de Jaén

### MONTAJE
Arquimera, S.L.

## CATÁLOGO

### Almas flamencas

Imagen de portada: *Rosario Monge "La Mejorana"*

© Obras: Josefa Cano García (Pepa Cano)
© Textos: sus autores
© Fotografías: Ana Suanes y Juan Oto
© Edición: Vicerrectorado de Cultura. Universidad de Jaén

1.ª edición, noviembre de 2024

Maqueta: virginiaalcantara.es
Imprime: Gráficas La Paz de Torredonjimeno

Depósito legal: J 499-2024
ISBN: 978-84-9159-653-0

# ÍNDICE

# PRESENTACIÓN

## Nicolás Ruiz Reyes

RECTOR MAGNÍFICO DE LA UNIVERSIDAD DE JAÉN

Desde la Universidad de Jaén, en el marco del protocolo general de actuación suscrito con la Agencia Andaluza de Instituciones Culturales de la Junta de Andalucía, se impulsa el estudio y la difusión del flamenco en el ámbito universitario a fin de garantizar su protección, conservación y promoción como bien social y patrimonio cultural inmaterial de la humanidad, declarado por la Unesco el 16 de noviembre de 2010.

El flamenco es cultura y, de ahí, que no solo sea objeto de cante, baile o toque, sino de otras manifestaciones artísticas como la muestra *Almas flamencas*, de Pepa Cano, artista que prioriza la iconografía geométrica –y, a la vez, dinámica–, cargada de armonía, ritmo y sensibilidad.

Esta exposición homenajea a mujeres cantaoras, guitarristas, bailaoras... artistas polifacéticas de los siglos XIX y XX, cuya influencia y legado merecen ser reconocidos como pilares fundamentales de este arte universal.

Estas mujeres flamencas, habitualmente relegadas a exhibir su arte en entornos familiares, se reivindican aquí mediante creaciones contemporáneas colmadas de un rico cromatismo y de elementos tan flamencos como los flecos, que dotan de movimiento, vistosidad y gracia cada propuesta artística.

Cada obra, basada en el formato circular que recuerda a los populares e imprescindibles lunares de la indumentaria flamenca, expresa toda una gama de sentimientos y estados de ánimo inherentes al flamenco.

En definitiva, esta muestra nos ayuda a preservar y revitalizar el flamenco, desde el ámbito del patrimonio artístico, como la tradición cultural andaluza por excelencia, que nos aporta un vívido sentimiento de pertenencia e identidad necesaria, única y singular.

# PORTADORAS DE CANTE GRANDE

### Antonio Sánchez Marín
· COMISARIO ·

La exposición *Almas Flamencas* busca contribuir a dar visibilidad a las mujeres en el flamenco: cantaoras, guitarristas y bailaoras, a través de un lenguaje contemporáneo que fusiona técnicas textiles tradicionales con materiales poco convencionales, como los tejidos. La artista Pepa Cano propone una experiencia visual innovadora. Su método de creación se aleja de la noción clásica de aplicar pintura con brocha sobre lienzo, papel o madera. En cambio, busca incentivar, e incluso desafiar, al espectador a observar con mayor detenimiento, revelando que lo que se presenta no es pintura, sino una cuidadosa selección de tejidos, acompañados de flecos de seda y cuquillo, formando caras sin ojos, sin nariz, sin boca.

Es importante destacar que, a lo largo de la historia, a las mujeres se les ha enseñado a dominar habilidades como coser, bordar, hilvanar, zurcir, remendar, pespuntear, rematar, ribetear, festonear y tejer, con el propósito de convertirse en buenas esposas y madres. Esta técnica artística se erige como una magnífica oportunidad para reinventar el pasado y establecer conexiones con momentos históricos significativos. La obra no solo desafía las convenciones artísticas, sino que también invita a una reflexión profunda sobre el papel de las mujeres en la historia y la relevancia de sus habilidades en el contexto contemporáneo.

En sus inicios, el flamenco se desarrolló en un contexto social predominantemente machista, lo que limitó la visibilidad y el reconocimiento de las mujeres en este arte. Este entorno, caracterizado por normas rígidas y roles de género estrictos, dificulta que las mujeres pudieran expresarse plenamente a través del flamenco, un arte que, aunque profundamente emocional y expresivo, estaba dominado por la figura masculina. A pesar de las barreras y los prejuicios de la época, algunas mujeres lograron destacar, aunque en ocasiones a expensas de su estado civil, optando por permanecer solteras para poder dedicarse plenamente a su pasión sin las restricciones que conllevaba el matrimonio.

A lo largo de la historia, las mujeres flamencas han demostrado una notable capacidad para sobresalir, aportando su pasión y dedicación al enriquecimiento de la identidad flamenca. Su contribución ha sido fundamental en la evolución de este arte, ya que han sido tanto intérpretes como creadoras, aportando una perspectiva única que ha enriquecido el repertorio flamenco. Existen numerosos nombres femeninos que han dejado una huella significativa en el ámbito del flamenco, como

La Niña de los Peines, Rita la Cantaora, Imperio Argentina o Carmen Amaya, entre más de ochenta mujeres encontradas. Estas artistas no solo han brillado en el escenario, sino que también han desafiado las normas sociales de su tiempo, abriendo caminos para futuras generaciones

El flamenco, como expresión cultural y artística, ha sido un espacio donde la mujer ha desempeñado un papel significativo en este arte. A través de un análisis crítico de datos recientes, se argumenta la conexión de las mujeres con las clases trabajadoras y cómo esto ha influido en su participación y reconocimiento dentro del flamenco. La genealogía y axiología del cante ha ido transmitiendo en el seno íntimo de ciertas familias (gitano-andaluzas), ofreciendo a las mujeres un espacio de expresión y garantes de pureza. Portadoras de cante grande, voces sin precedentes ni herencias.

Históricamente, las mujeres han estado excluidas de muchos ámbitos artísticos. Esta exclusión se debe, en parte, a la perpetuación de un modelo de familia burguesa que relegaba a las mujeres a la esfera doméstica. La evolución del modelo familiar, la transformación del hogar, que pasó de ser un "locus primario de producción e intercambio" a un espacio de intimidad y afecto, ha influido en la percepción y el rol de la mujer en la sociedad. A lo largo de la historia, las mujeres flamencas han demostrado una notable capacidad para sobresalir, aportando su pasión y dedicación al enriquecimiento de la identidad flamenca. Su contribución ha sido fundamental en la evolución de este arte, ya que, como intérpretes o como creadoras, han aportado una perspectiva única que ha enriquecido el repertorio flamenco. Existen numerosos nombres femeninos que han dejado una huella significativa en el ámbito del flamenco, como La Niña de los Peines, Carmen Amaya y Rocío Márquez, entre otras. Estas artistas no solo han brillado en el escenario, sino que también han desafiado las normas sociales de su tiempo, abriendo caminos para futuras generaciones.

Sin embargo, muchas otras figuras han sido injustamente relegadas al olvido. Estas últimas, a menudo mujeres de gran talento, se vieron obligadas a abandonar su carrera artística tras contraer matrimonio, ya que la sociedad de la época no permitía que una mujer casada pudiera dedicarse a una profesión considerada inapropiada. A pesar de esto, su legado perduró a través de sus descendientes, quienes continuaron la tradición flamenca, permitiéndonos disfrutar de artistas de renombre como Camarón, Paco de Lucía, Niño de Pura, el Lebrijano, José de la Tomasa... Estos artistas, aunque hombres, fueron influenciados por el trabajo y la pasión de las mujeres que los precedieron, lo que demuestra que el flamenco es un arte colectivo, donde cada contribución, ya sea visible o no, ha sido esencial para su desarrollo y riqueza.

En la actualidad, el flamenco sigue evolucionando, y las mujeres están recuperando su lugar en el escenario, desafiando las normas. A pesar de los avances, la historia de la participación femenina en las artes sigue siendo una narrativa de exclusión y marginalización. La necesidad de visibilizar y valorar el papel de las mujeres en el flamenco y en otras áreas artísticas es fundamental para comprender la complejidad de su contribución cultural. La artista y docente Pepa Cano lleva cinco años investigando y produciendo para dar visibilidad a ellas, las almas flamencas, que son el epítome de la estirpe, el perfecto resumen de la transmisión íntima, familiar y sin secretos.

# SIMPLIFICANDO LA FIGURA DE LA MUJER MEDIANTE EL PROYECTO DE *ALMAS FLAMENCAS* EN EL PROCESO CONFIGURADO POR EL CÍRCULO

**Sebastián García Garrido**[1]

El círculo, la elección entre propuestas infinitas que en silencio guarda lo esencial de la sintonía de la tradición y de una labor femenina que llega al máximo exponente.

Colores presentados en texturas que invitan a la caricia, nada que ver con la pincelada insensible al tacto.

Esta nueva colección que surge de la intensidad del trabajo de Pepa Cano, de su capacidad investigadora fruto de su apasionada dedicación por conocer a fondo cualquier cosa que

---

1    Catedrático en Diseño de Comunicación en el departamento de Arte y Arquitectura de la Universidad de Málaga. Diseñador y artista plástico. Académico Numerario de la Real Academia de Bellas Artes de San Telmo. Desempeña su labor docente en la Escuela de Ingenierías Industriales y en el Máster Desarrollos Sociales de la Cultura Artística, del Departamento de Historia del Arte.

se plantee, de llegar a los límites del ámbito de estudio para mostrar unos resultados que nunca podrían ser más que dignos de admiración por ese cuidadoso trabajo de depuración de cualquier materia para comprender su aspecto esencial.

Esa misma esencia de los materiales tejidos, de sus colores, es la que destaca en su argumentación para rendir homenaje casi siempre a mujeres que necesitan de un recuerdo que, a ojos de nuestra cultura contemporánea, se valoren en lo que aportaron al patrimonio de la humanidad y, sin duda, en su aspecto histórico-artístico.

Ella misma encuentra en el clásico y erudito *Diccionario de símbolos* de Cirlot, que "Todas las transformaciones tienen algo profundamente misterioso (...) en el que algo se modifica lo bastante para ser ya 'otra cosa' (...) La ocultación tiende a la transfiguración a facilitar el traspaso de lo que se es a lo que se quiere ser; éste es su carácter mágico".[2]

A la vez que esa intensidad de emociones que le proporciona conocer detalles de nuestra cultura se pone en marcha en un motor que se mueve en el plano de lo circular, con evidentes ruedas que introducen el conocimiento en un ciclo sin

2    CIRLOT, Juan Eduardo (1991). *Diccionario de símbolos*. Barcelona: Labor, p. 299.

tiempo en el que surgen los detalles y el buen hacer que nos recuerda las Reales Fábricas que en España, Reino de Nápoles y Francia iniciaron el industrialismo mucho antes que la propaganda consustancial anglosajona se imputa a sí misma. Sin embargo, se trataría de un siglo después cuando se atribuyen ser ellos quienes inician la actividad industrial.

Pero este otro industrialismo da lugar a la visión más nefasta de entender la fábrica, que solo buscaba el menor coste a cuenta del más bajo nivel del producto y de la consideración de los obreros. Sin embargo, el operario de la Real Fábrica logra el mayor estatus de la sociedad, y es el primer ámbito que nivela la consideración de hombre y mujer. Esta adquiere al mismo tiempo el derecho al voto, como vemos en los estatutos que regían la Real Fábrica de la Seda, en San Leucio, en los alrededores de Nápoles. Cuando Carlos III accede al trono de España, tras su valiosa transformación de la sociedad napolitana, además de innumerables fábricas que inician la producción de los productos más cotizados e innovadores, que consigan la máxima competitividad en el comercio internacional, crea y promueve la figura del diseñador. Un concepto que recupera del Renacimiento y redefine para la fundación del primer centro del mundo para su formación, la Escuela Gratuita de Diseño (1775). Es evidente que pretendieron promover el acceso de cualquier persona que tenga esas cualidades creativas, que además pueden ser desarrolladas en estos centros, en Barcelona, Madrid y Zaragoza, antes que en otras ciudades y antes de que pasen pronto a diluirse en las escuelas de arte que ya existían previamente. Estos centros de formación facilitan el acceso a todo aquel que tenga las capacidades innatas para llegar al mayor nivel en la creación artística sin ninguna otra exclusión. Sin embargo, en la realidad inglesa surge el movimiento *Arts and Craft*, que reclama la calidad del objeto artesanal y dispara la añoranza de los oficios.

Esta considerable visión que aporta el diseño hacia la producción, tanto en el nivel artístico como práctico, es el que pone Pepa Cano en juego para emprender un proceso de simplificación al que obliga el diseño contemporáneo. Por otra parte, no es necesario destacar la simbiosis que existe en su obra, entre los diferentes ámbitos de la creatividad, Arte, Diseño y Artesanado, que escribe en triple mayúsculas y no admiten discusión.

Entrados ya en el nuevo milenio, se dieron interesantes colaboraciones entre artistas y diseñadores con la intención de incorporar material recuperado para hacer nuevos productos. Fruto de ello fue una exposición de estas producciones en la Triennale Design Museum de Milán en 2013 y titulada *Recupero*. Se trataba de una selección de proyectos sobre el tema del ecodiseño y la autoproducción, nacidos de la colaboración entre artistas y diseñadores contemporáneos y la asociación Artwo[3], comisariada por Valia Barriello.

Su alto compromiso hacia el desarrollo académico del diseño y su otra mitad artista, que se desenvuelve en los inspiradores confines de su cortijo paraíso, sembrado en tierras de un aceite ancestral que trae ya en sus raíces giennenses, logra una nueva y espléndida cosecha de obras. Una actividad en que se entrelazan el aroma esencial del aceite y el más refinado de los vinos de la campiña cordobesa.

La estética, como esfera particular de la experiencia humana, parece referirse a una naturaleza normativa inmanente, que toma forma dentro del proceso de producción del objeto. El juicio sobre el éxito y estética de la obra (tanto en el ámbito específico del arte, como en el del alto artesanado y el diseño), se estructura en base a criterios que, en su mayor parte, son intrínsecos al sistema del arte. En otras palabras, el objeto producido se convierte en el caso ejemplar de uno.

Rechazo puede traer un material que fue protagonista y que ya no responde a ningún carácter normativo, ni impuesto desde fuera, como en el caso de estos objetos tejidos. En este caso se transmutan siendo herramientas para otros fines.

---

3   Artwo, fundada en 2005 en Roma por Luca Modugno, produce

Tampoco son parte del proceso de producción convencional el caso de los objetos que, aunque en relación con diferentes prácticas humanas, articulan su propio significado, como materia prima de obras de arte.

Estos materiales que vivieron en otros tiempos constituyen un momento de paso fundamental de objetos y artefactos de lo privado a lo público. Pero también se trata de dar un paso más allá del arte en sentido estricto, hacia una consideración estratégico-política de la imagen. La sensibilidad humana es capaz de transformar, cualquier resto material sin interés alguno ya en los valores de una sociedad apresurada, en una colección que ha generado sorprendentes respuestas creativas.

objetos de edición limitada creados por artistas y diseñadores contemporáneos, invitados a trabajar sobre el tema de la recuperación funcional de objetos cotidianos en desuso y productos semiacabados, y creados en prisión.
http://www.lessissexy.com/recupero-design-sociale-artwo/ 03.04.2014

# almas flamencas

## CATÁLOGO

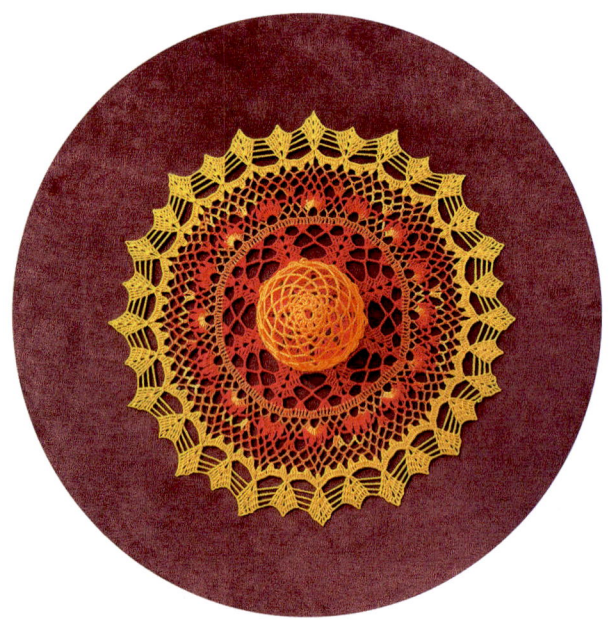

**1.** María Vargas de las Heras "María la Macarrona"
Jerez de la Frontera, Cádiz

Destacada cantaora que interpretaba las alegrías como nadie.
Compartía escenario con su hermana Juana.

• Textil y ganchillo. 60 Ø, 2022.

**2.** Juana Vargas de las Heras "Juana la Macarrona"
Jerez de la Frontera, Cádiz, 3/5/1860 - 17/4/1947

Reina en el arte de bailar flamenco. Comenzó su carrera
con 8 años y fue inimitable.

• Textil y flecos. 60x115, 2024.

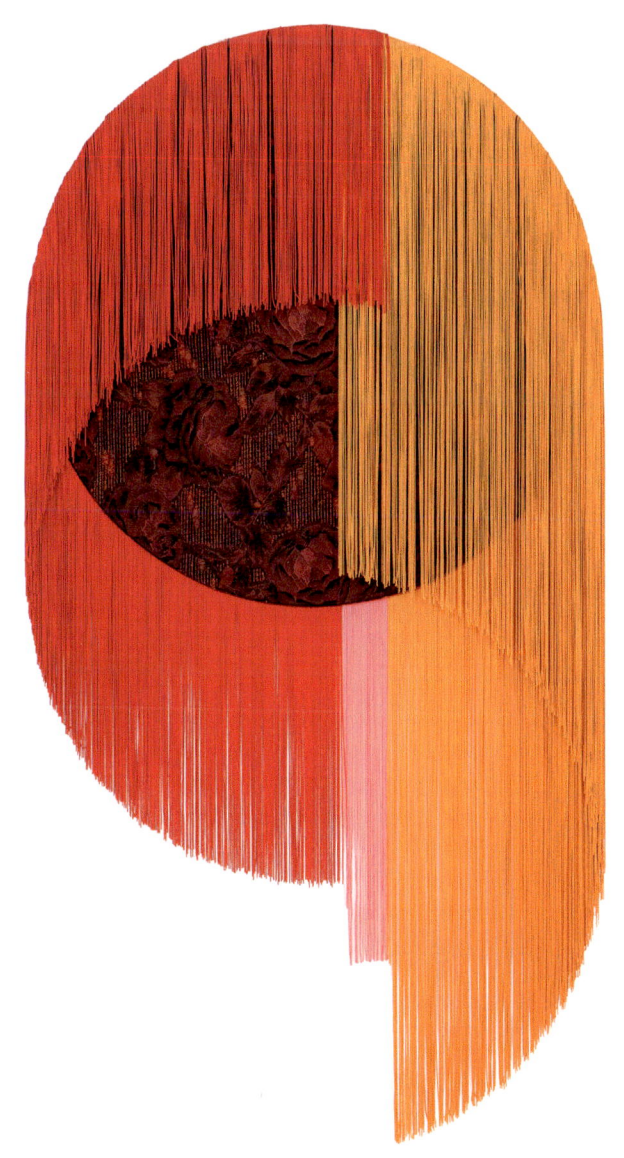

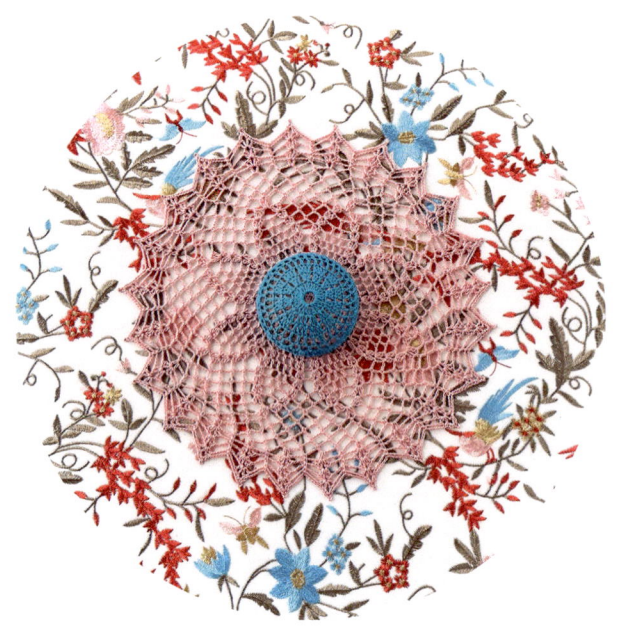

### 3. Carmen Espinosa Ruiz "La Lavandera"
Linares, Jaén, 1881 - ¿?

Tras enviudar en 1919, salió a los escenarios y se convirtió en un ídolo de las saetas y las malagueñas.

• Textil y ganchillo. 50 Ø, 2024.

### 4. Petra García Espinosa "La niña de Linares"
Linares, Jaén, 1908 - Madrid, 1989

Es la cantaora que más ha hecho brillar el nombre de su localidad en los escenarios.

• Textil y flecos. 50x100, 2024.

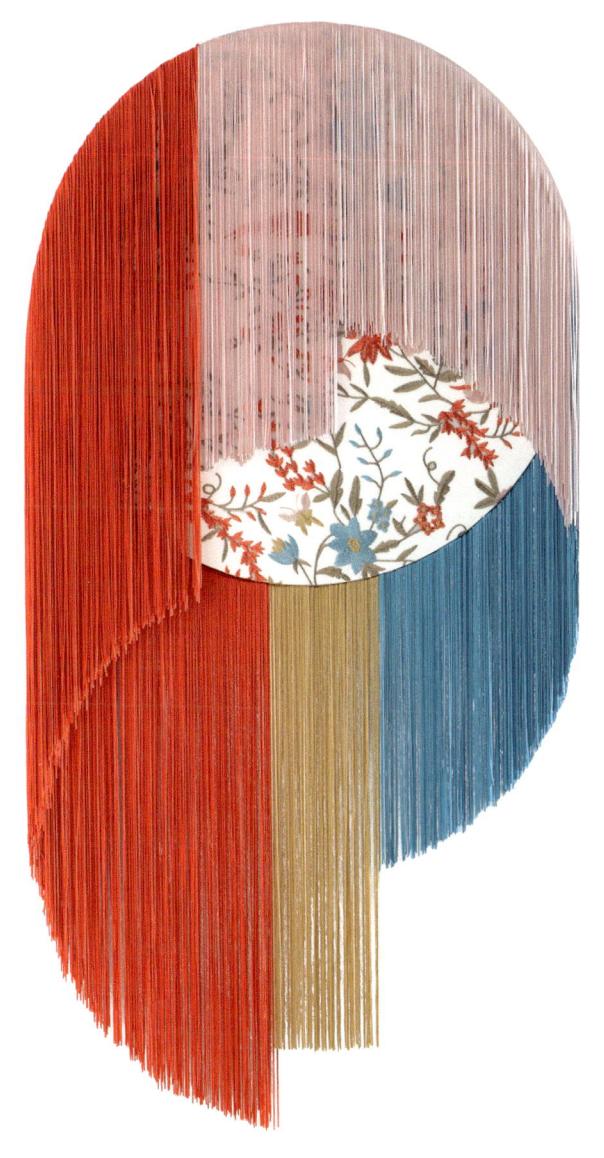

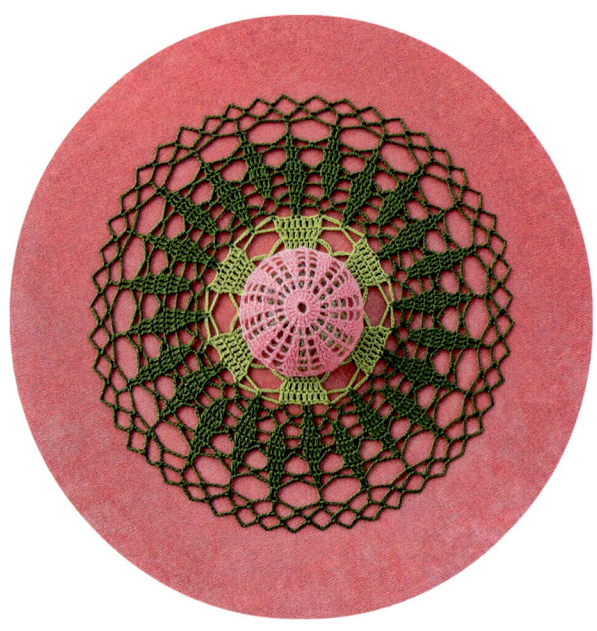

**5.** María de los Dolores Valencia Rodríguez "La Serrana"
Jerez de la Frontera, Cádiz, entre 1863 y 1868 - ¿?

Cantaora. Popularizó la famosa seguiriya: "Yo le pío a Dios/ que tú me mires con los ojitos/ que te miro yo". Realizó algunas grabaciones discográficas.

• Textil y ganchillo. 50 Ø, 2022.

**6.** Juana Valencia Rodríguez "La Sordita"
Jerez de la Frontera, Cádiz

Bailora. Se desarrolló principalmente en Sevilla.

• Textil y flecos. 50x105, 2024.

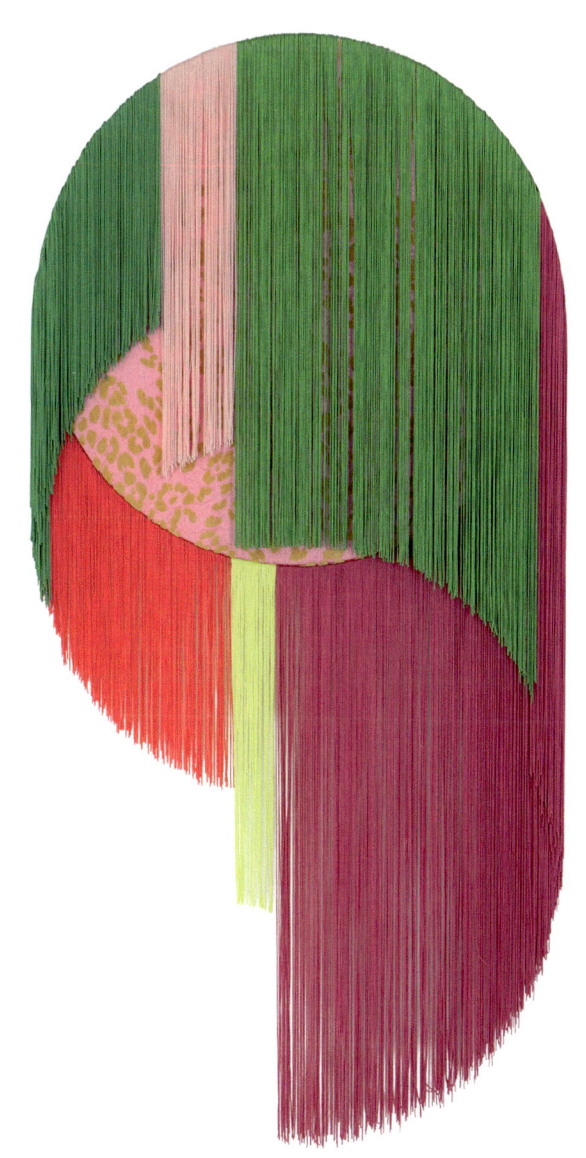

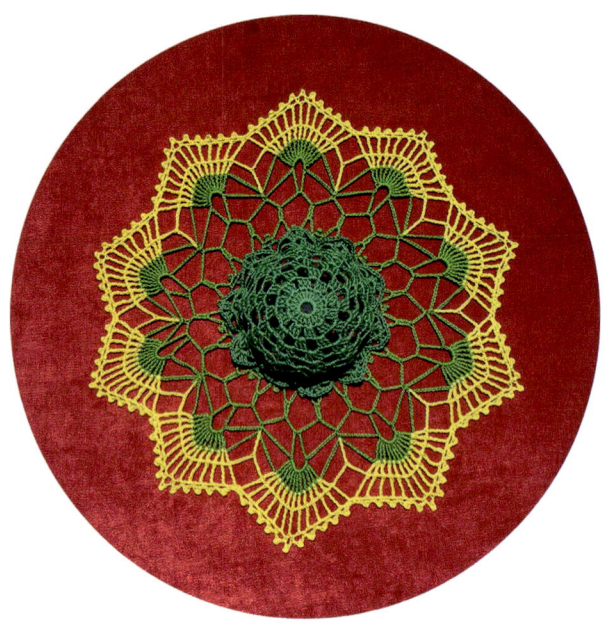

### 7. Dolores Parrales Moreno "Dolores la Parrala"
Moguer, Huelva, 1845 - Huelva, 1915

Cantaora más general, que distingue los fandangos, especie de verdial taimado. Grabados por Manuel Torre. Lorca escribió: "...La Parrala sostiene/ una conversación/ con la Muerte/ La llama,/ no viene,/ y la vuelve a llamar..."

• Textil y ganchillo. 50 Ø, 2022.

### 8. Trinidad Parrales Moreno "Trinidad la Parrala"
Moguer, Huelva, 1858 - ¿?

La leyenda de las hermanas "Parralas" ha generado confusión por confundirlas.

• Textil y flecos. 60x120, 2024.

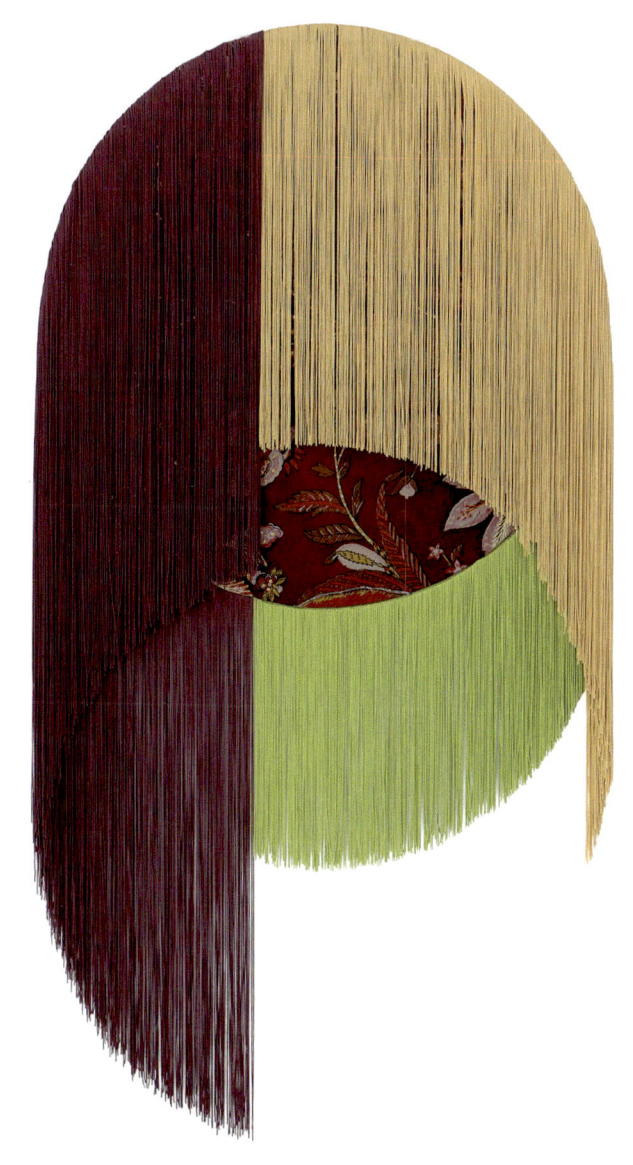

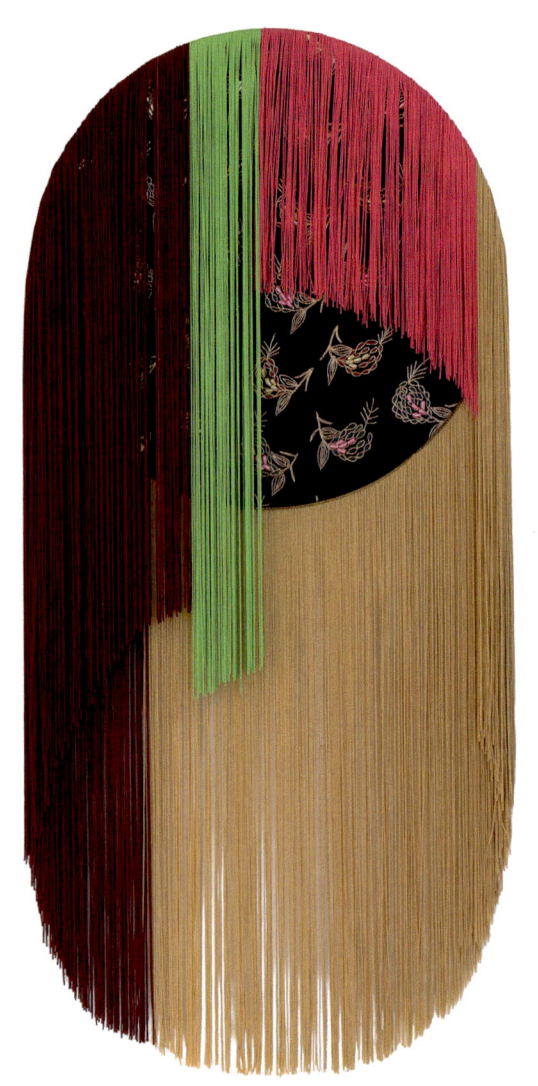

9. María Amaya Heredia "La Adonda".
1834 - 1831

Cantaora, creadora de soleares.
• Textil y flecos. 40x100, 2024.

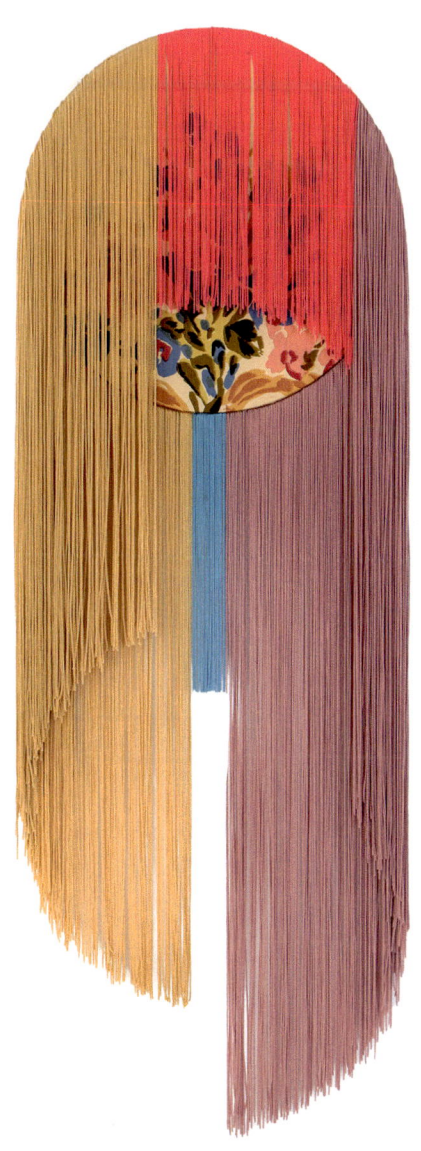

**10.** Antonia Torres Díaz "La Gamba"
Cádiz, 1863 - ¿?

Solvente bailaora y cantaora larga, compañera de Manuel Torre.

• Textil y flecos. 30x85, 2024.

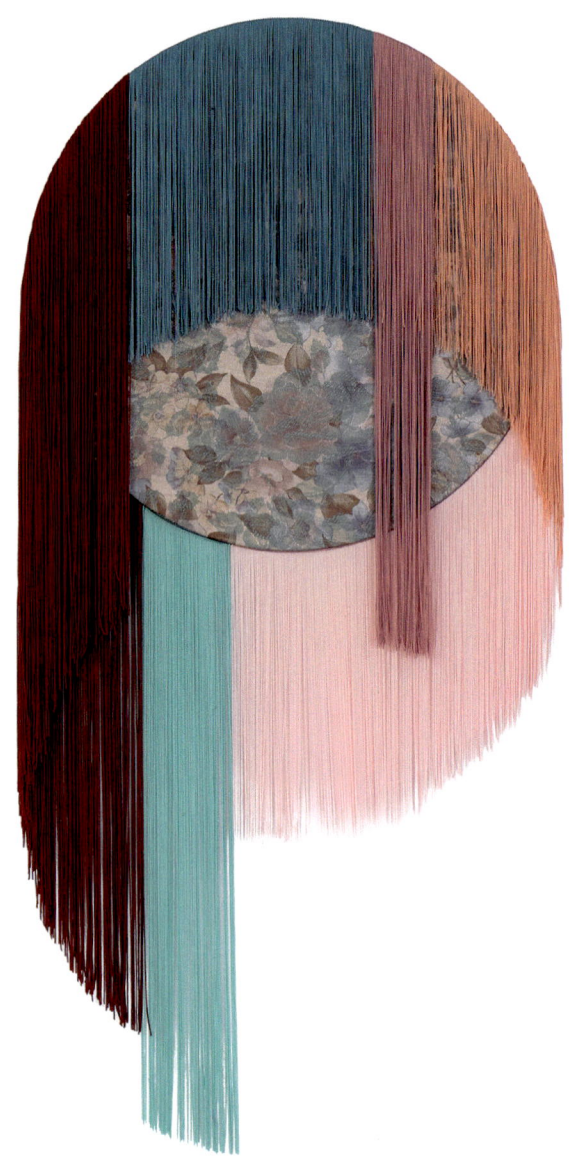

**11.** Josefa Moreno "La Antequerana"
Antequera, Málaga, 1889 - Madrid, década de los 70

Cantaora polifacética. Se acompañaba a sí misma a la guitarra.
Dejó impresas algunas placas de pizarra.

• Textil y flecos. 50x110, 2024.

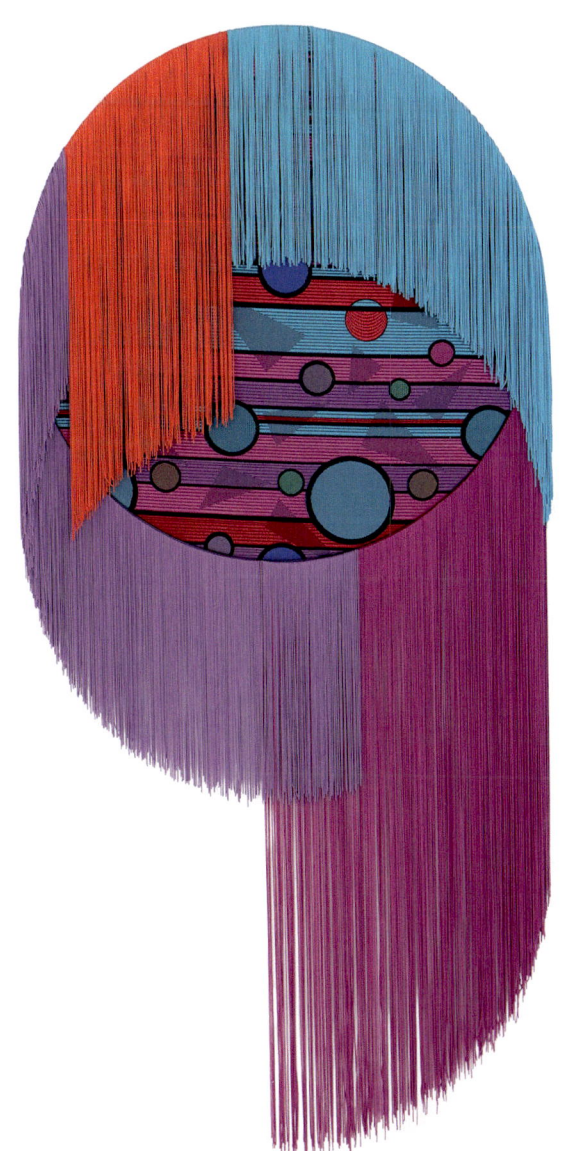

**12.** Ana Amaya Molina "Anilla la de Ronda"
Ronda, Málaga, 27/09/1855 - 1/10/1933

Cantaora de la escuela rondeña, especializada en soleares. Se acompañaba a sí misma con la guitarra. Lorca la citó en 1922 con motivo del *Cante Jondo*.

• Textil y flecos. 50x110, 2024.

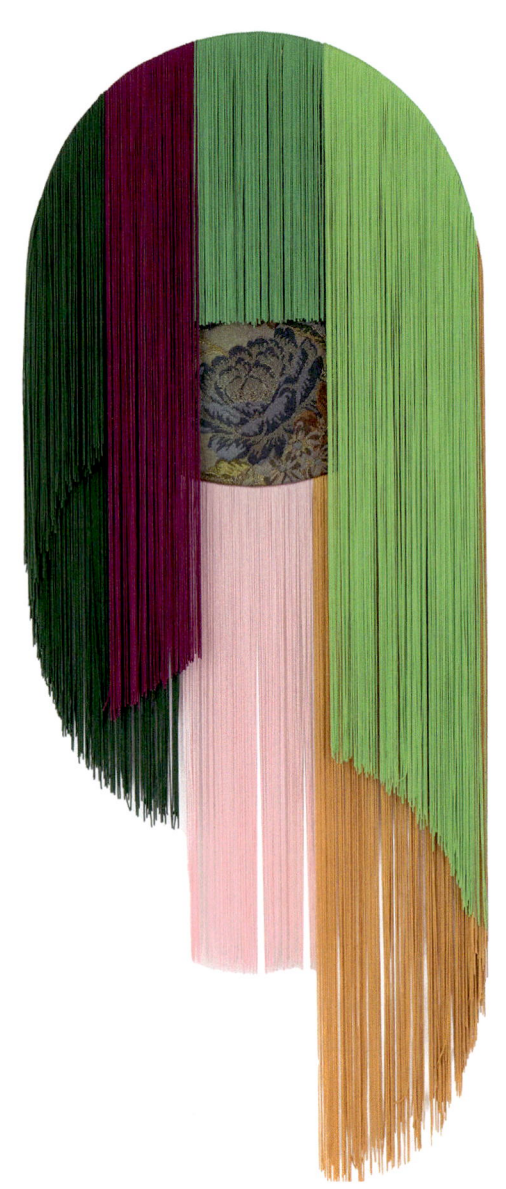

**13.** Carlota Ortega Monge "Carlota Ortega"
Málaga

Bailaora y cupletista. Prima de Manolo Caracol.
• Textil y flecos. 50x110, 2024.

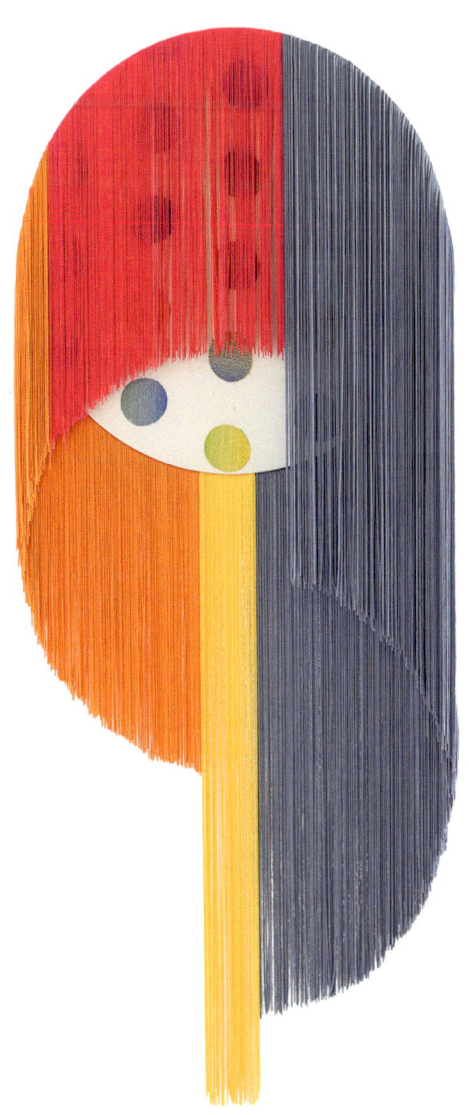

**14.** **Mercedes Aquilera "La Camisona"**
Málaga

Bailaora. Madre del conocido guitarrista Paco Aguilera. Su primera grabación discográfica fue con Pepe Marchena en 1931.

• Textil y flecos. 40x95, 2024.

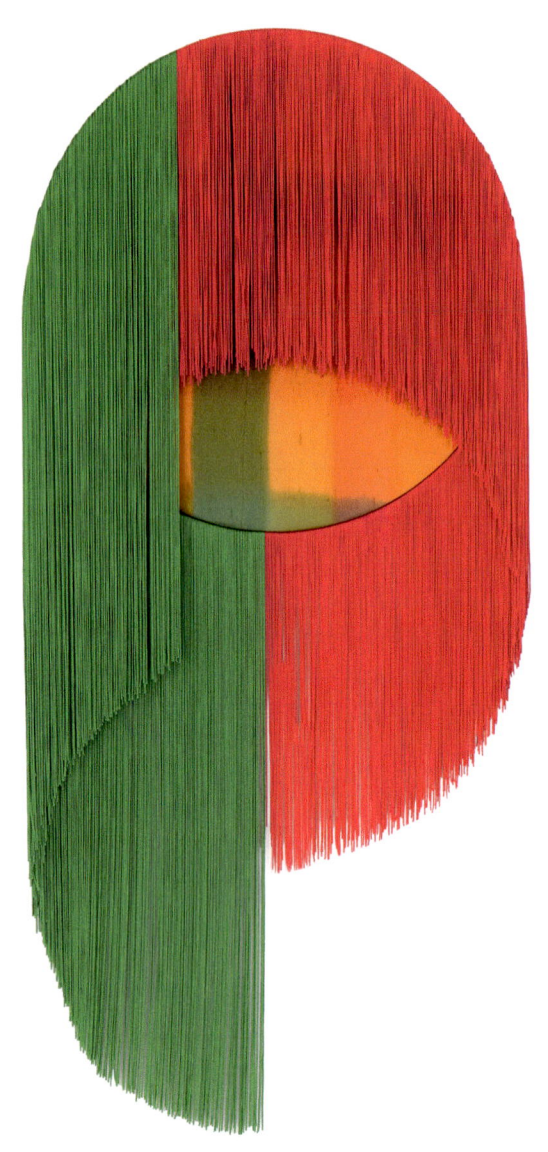

**15.** Gabriela Ortega Feria "Seña Gabriela"
Cádiz, 30/07/1862 - Sevilla, 25/01/1919

Excelente bailaora por alegrías y tangos. Se casó con el torero "el Gallo".

• Textil y flecos. 40x90, 2024.

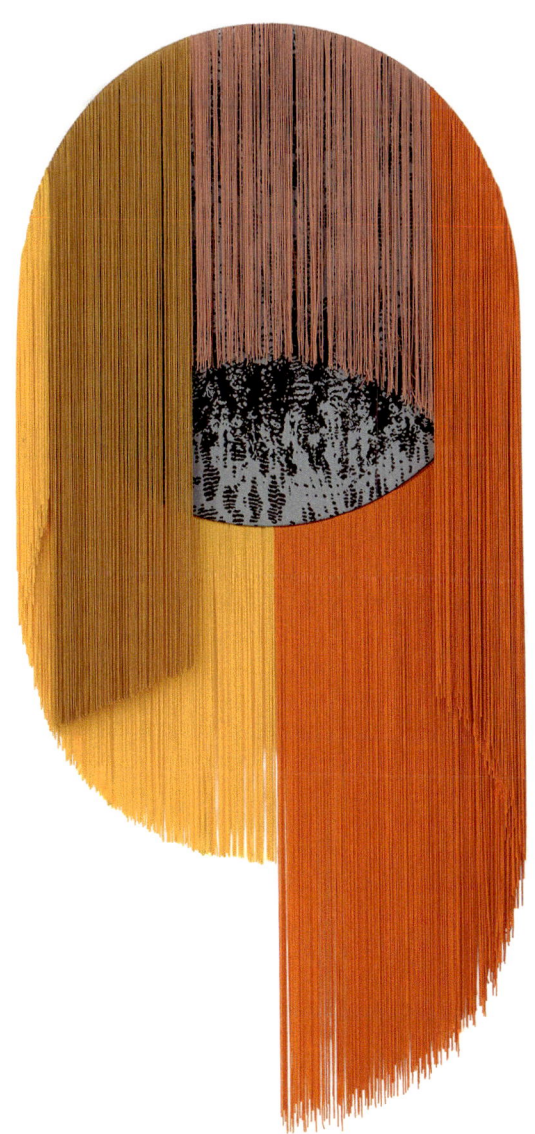

**16.** Dolores Pérez León "Carmelita Pérez"
Sevilla, 1870 - 1891

Reconocida bailaora hija del célebre guitarrista Maestro Pérez.
Formó parte del cuadro del Café del Burrero.

• Textil y flecos. 40x90, 2024.

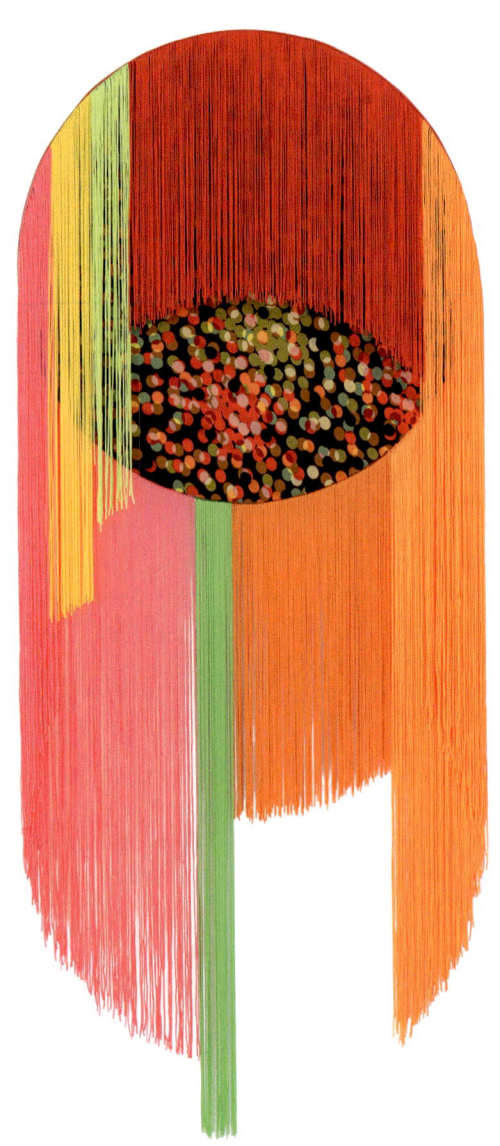

**17.** Carmen Vare Mellado "Carmen Borbolla"
Sevilla, 1871 – década de 1920

Gran ejecutadora del baile grande, como el zapateao o alegrías.

• Textil y flecos. 30x85, 2024.

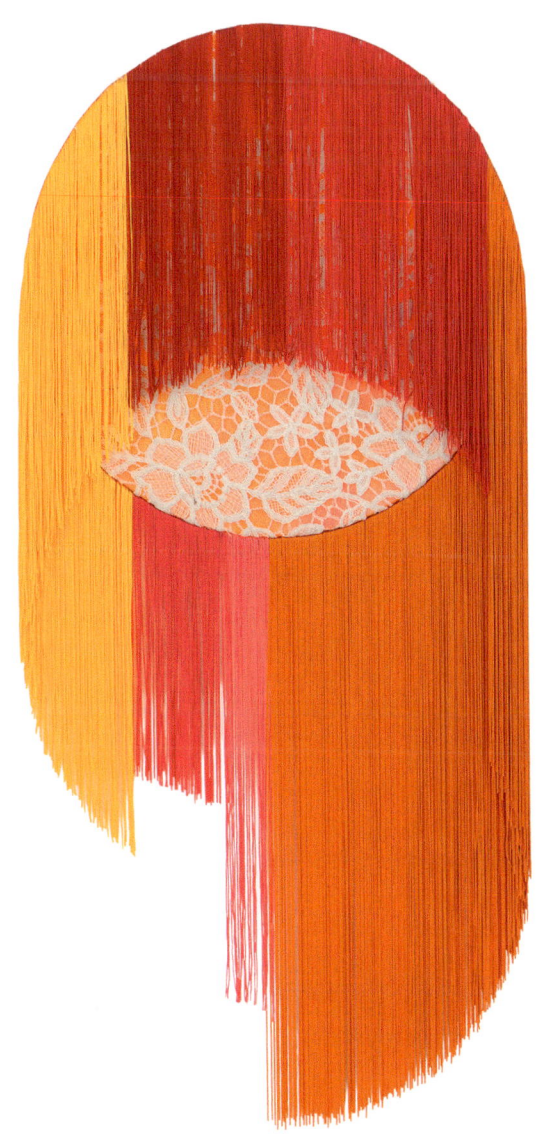

**18.** Concepción Rodríguez "Concha la Carbonera"
Granada, década de 1860 – ¿?

Extraordinaria y grandiosa bailaora. Comadre de la cantaora "La escribana".

• Textil y flecos. 40x95, 2024.

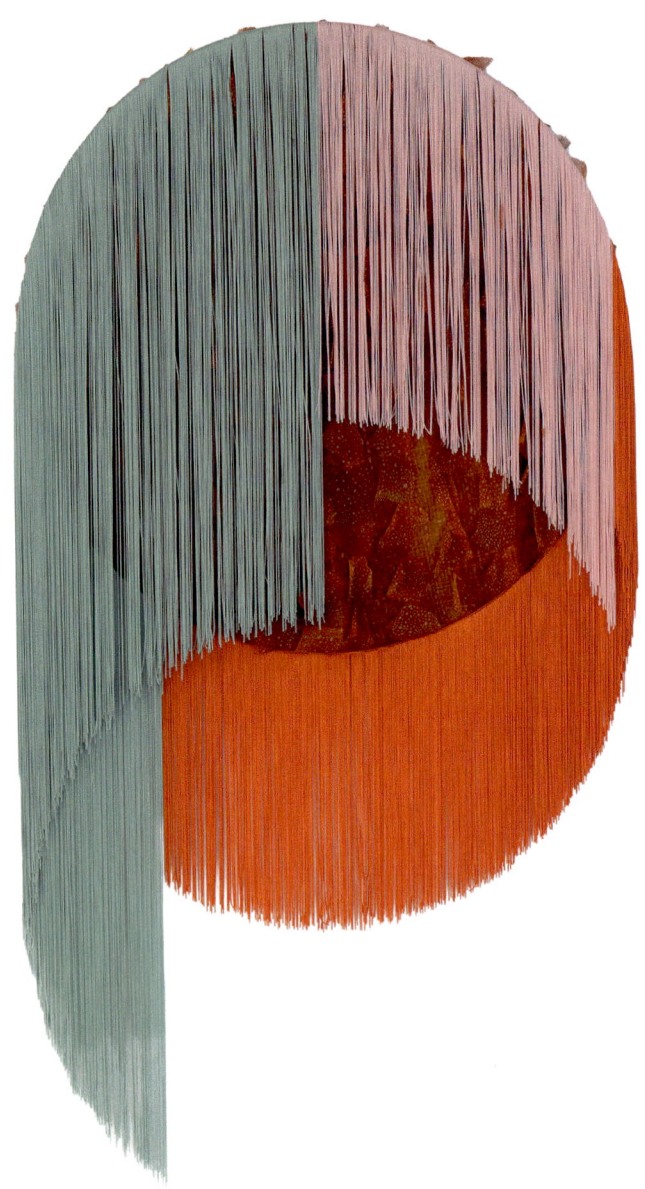

**19.** Antonia Gallardo Rueda "La Coquinera"
Puerto de Santa María, Cádiz, 9/12/1874 – Madrid, 1944

Bailaora. La misma Imperio Argentina reconoció en una entrevista, en 1926, que era su referente.

• Textil y flecos. 60x115, 2024.

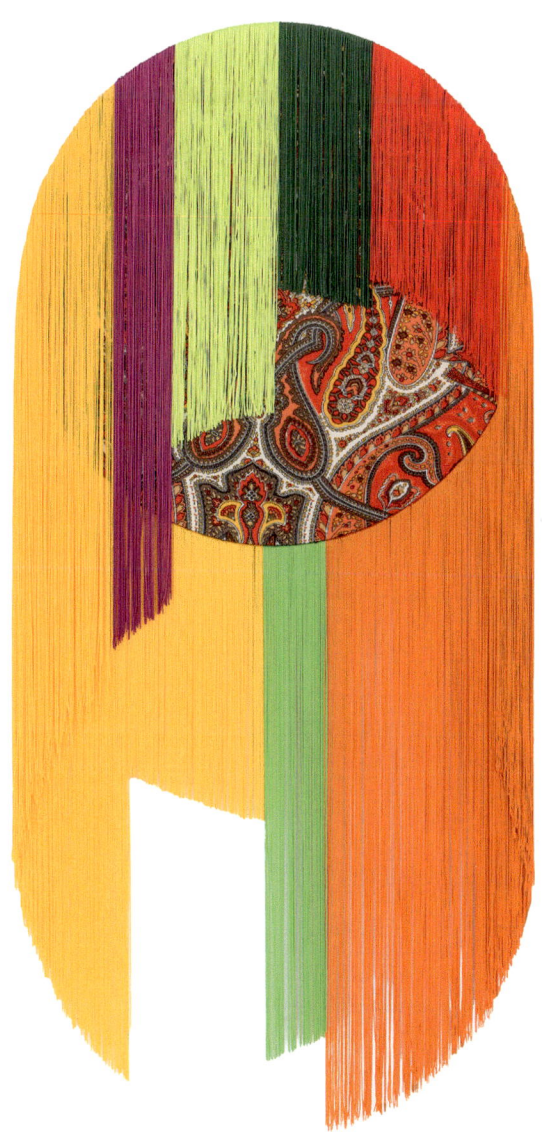

**20.** Trinidad Huertas "La Cuenca"
Málaga, ¿?/5/1857 - Cuba, 1890

Magnífica bailaora especialista en zapateado y excelente guitarrista.
Fue la primera que bailó las *Soleares de Arcas* taconeando.

• Textil y flecos. 50x110, 2024.

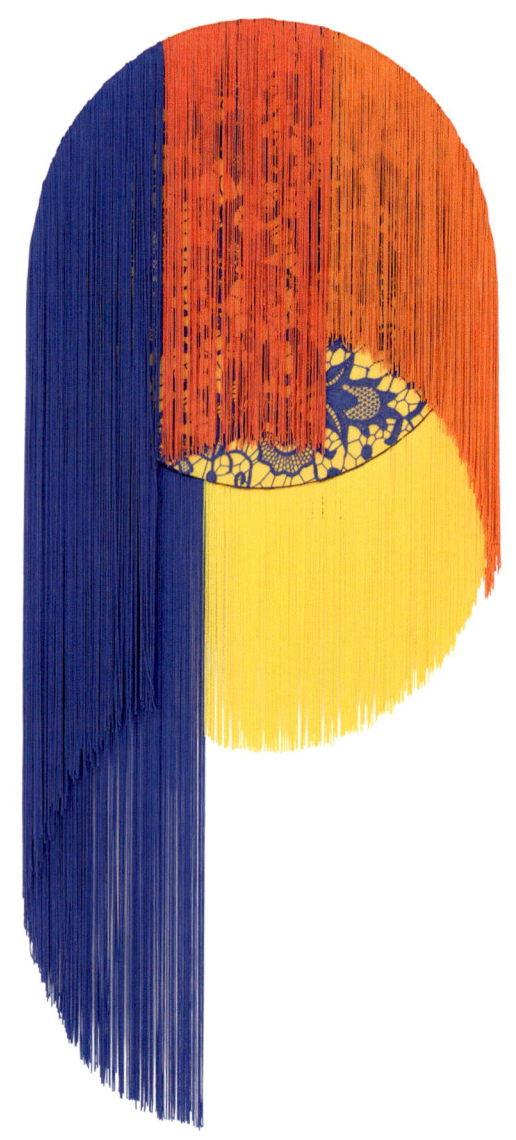

**21.** Josefita Jiménez "La Pitraca"
Cádiz

Excelente artista, conocida por su gracia y la colocación de sus brazos.
• Textil y flecos. 40x95, 2024.

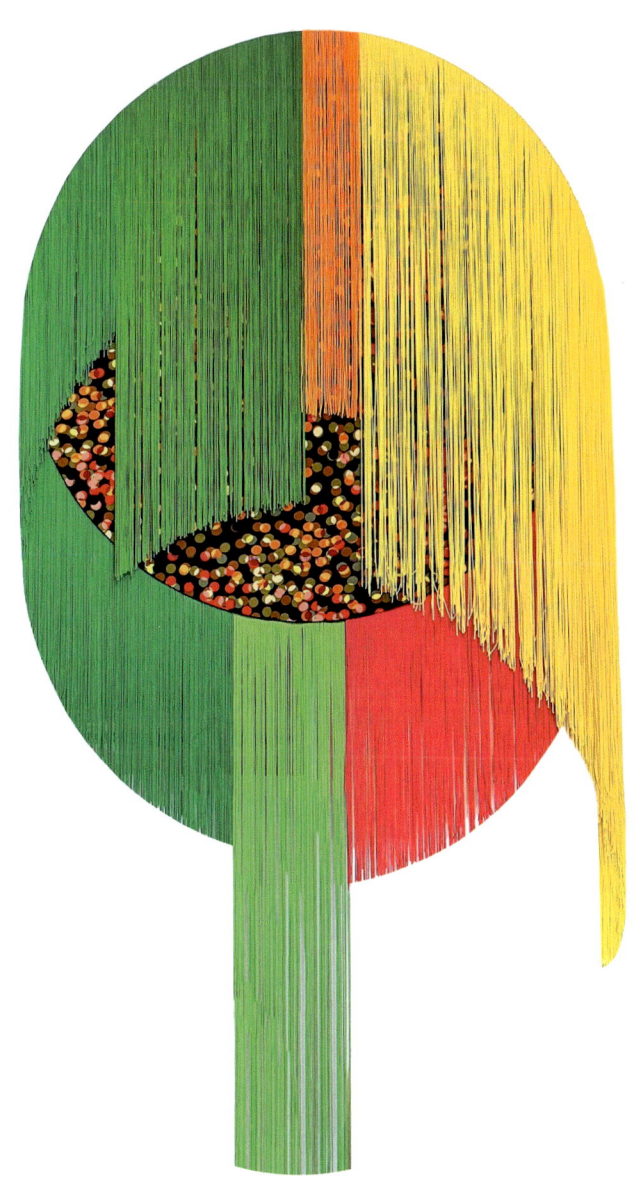

**22.** Juana Antúnez Fernández "La Antúnez"
Jerez de la Frontera, Cádiz, 1871 - 1938

Bailaora del Café Burrero y otros elencos.
· Textil y flecos. 60x115, 2024.

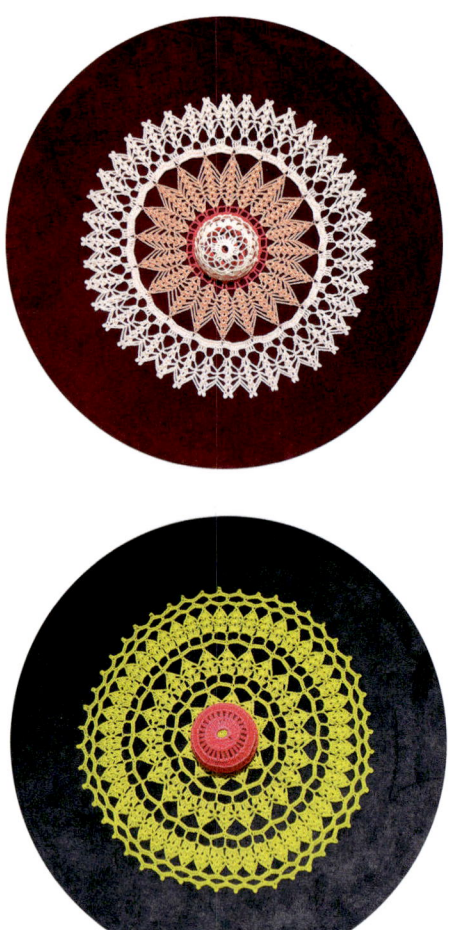

### 23. Juana "La Sandita" o "La Fandita"

Magnífica cantaora de seguiriyas.
• Textil y ganchillo. 60 Ø, 2022.

### 24. María Dolores Robledo Castillo "La Bocanegra"
Málaga, 1852 – ¿?

Cantaora especialista en malagueñas y soleá.
• Textil y ganchillo. 50 Ø, 2022.

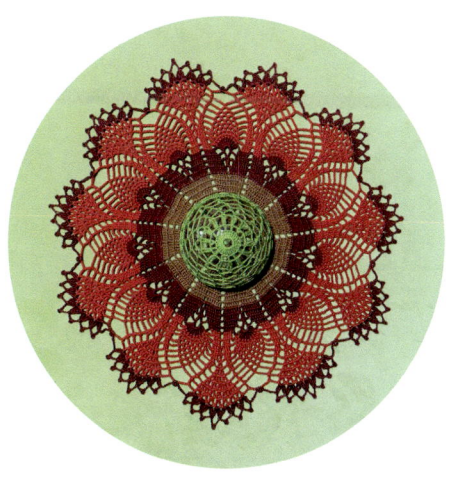

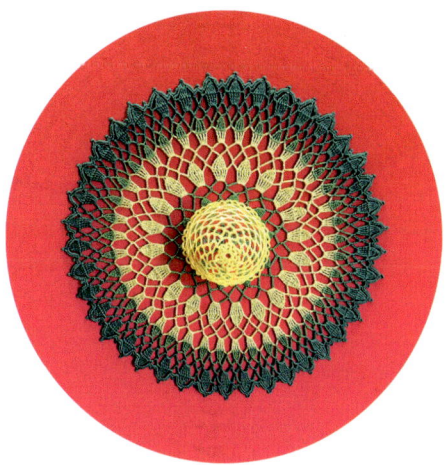

### 25. Concepción Peñaranda "La Peñaranda"
Murcia, 1850 - Valencia, 1889

Cantaora destacada en cartageneras, malagueñas y tarantas.
Creó un estilo de malagueñas que lleva su nombre.
• Textil y ganchillo. 60 Ø, 2022.

### 26. Dolores Crujera "Lola la de Lucena"
La Puebla de Cazalla, Sevilla, 4/2/1875 - ¿?

Asidua cantaora de los cafés cantantes de su época.
• Textil y ganchillo. 60 Ø, 2022.

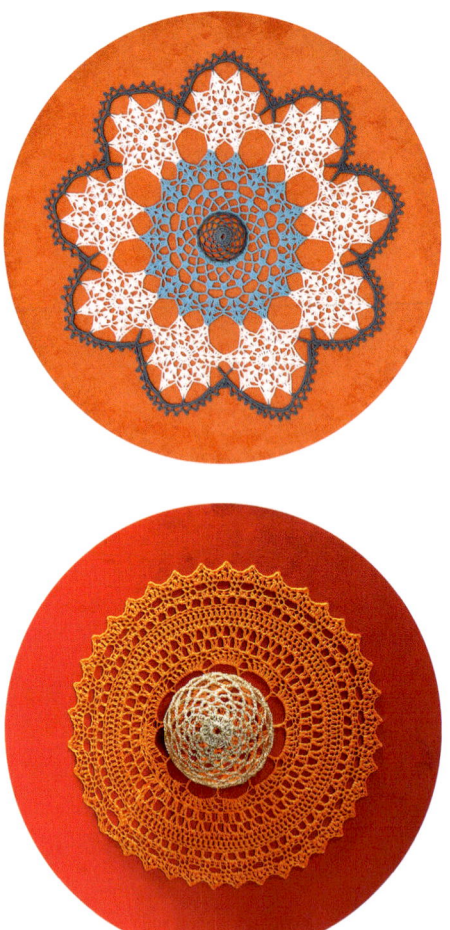

### 27. "Dolores de la Huerta"
Lucena, Córdoba

Cantaora que se acompañaba a sí misma con una guitarrilla, sentando las bases primitivas del Fandango de Lucena.
- Textil y ganchillo 60 Ø, 2022.

### 28. Josefa Ramos Martín "La niña de Marchena"
Marchena, Sevilla, 1915 - Caracas, 1980

Cantaora de saetas, entre otros cantes.
- Textil y ganchillo 30 Ø, 2022.

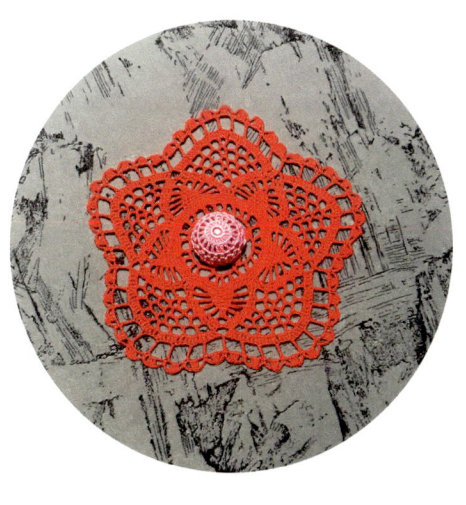

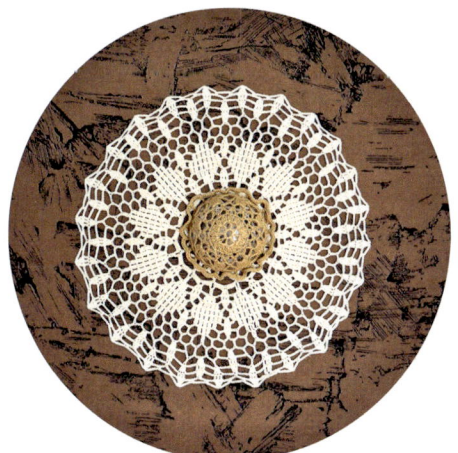

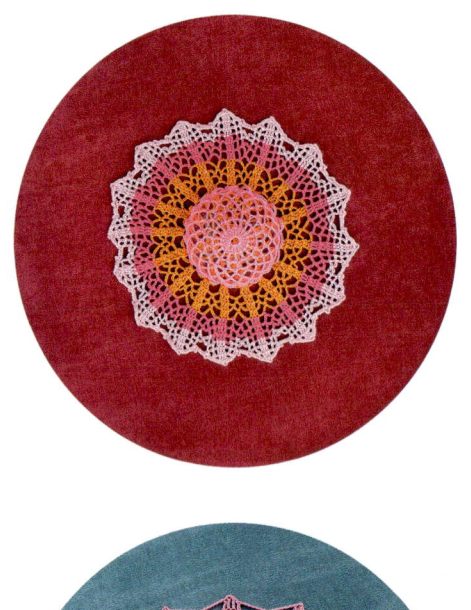

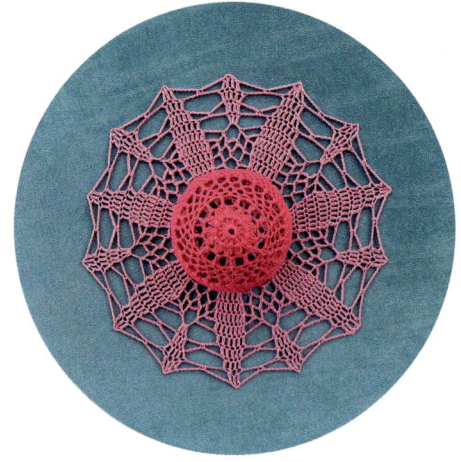

**31.** Inés Ortega Ripoll "La niña del Columpio"
Cádiz, 1892 – 1956

Cantaora y bailaora gitana, sobrina de la "Seña Gabriela".
• Textil y ganchillo 50 Ø, 2022.

**32.** Rita Jiménez García "Rita la Cantaora"
Jerez de la Frontera, Cádiz, 1859 - Castellón, 1937

Cantaora destacada en malagueñas y soleares.
• Textil y ganchillo 40 Ø, 2022.

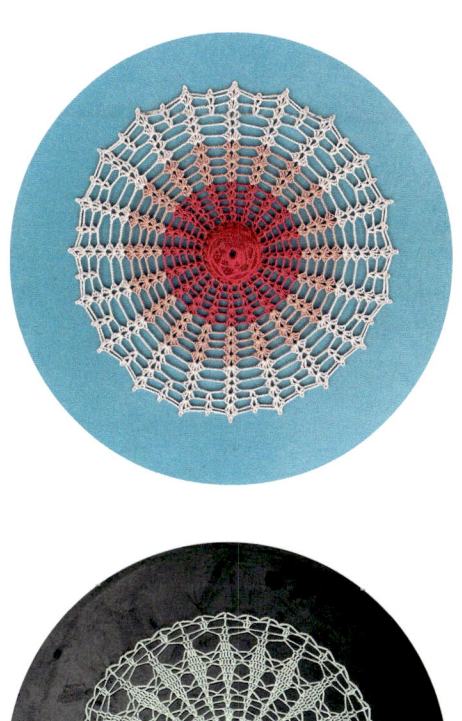

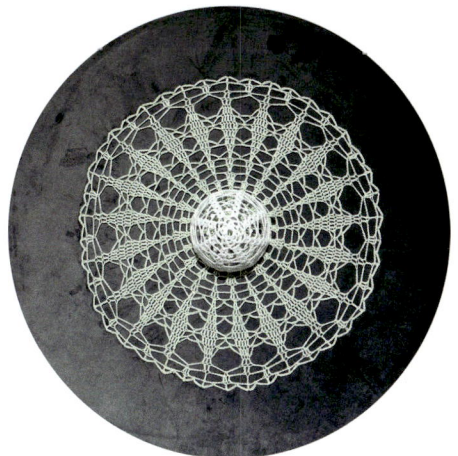

**33.** Carmen Manjón "La rubia de Cádiz"
Málaga, 1852 – ¿?

Cantaora majestuosa soleaera.
• Textil y ganchillo 50 Ø, 2022.

**34.** Francisca Colomer Sierra "La rubia de Málaga"
Valladolid, 1861 – ¿?

Excelente cantaora de malagueñas de gran corazón.
• Textil y ganchillo 60 Ø, 2022.

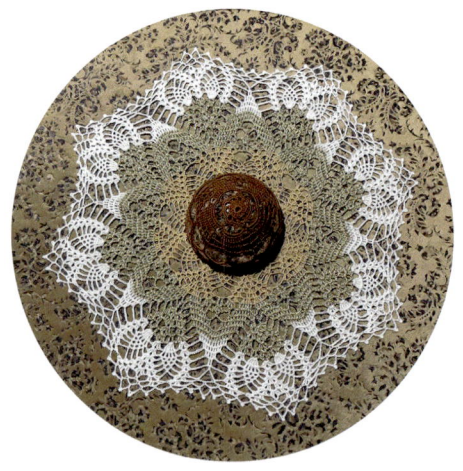

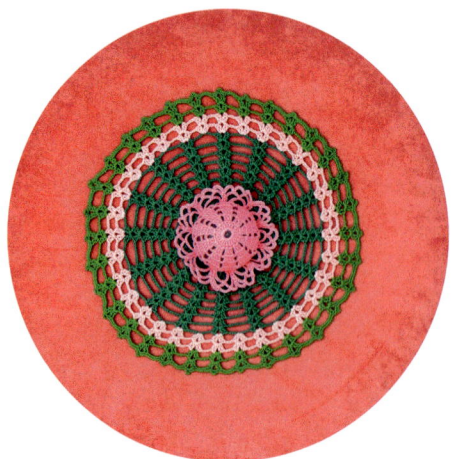

35. Pastora Pavón Cruz "La niña de los Peines"
Sevilla, 10/12/1890 - 26/11/1969

Alabada y mencionada por innumerables poetas y artistas, su discografía
abarca más de 160 cantes.
• Textil y ganchillo 60 Ø, 2022.

36. Antonia Morales Jiménez "La perla de Triana"
Sevilla, 1903 – 1972

Cantaora gitana con una pureza sin igual en el mundo del cante flamenco.
• Textil y ganchillo 60 Ø, 2022.

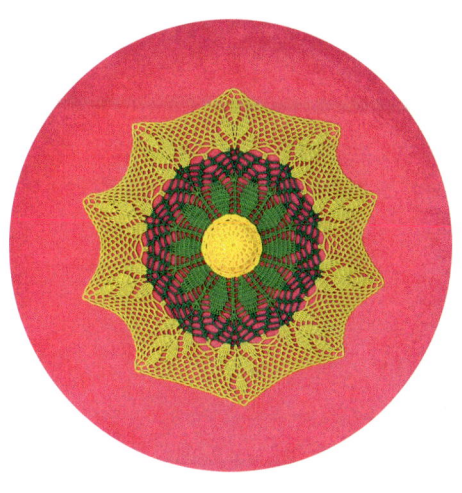

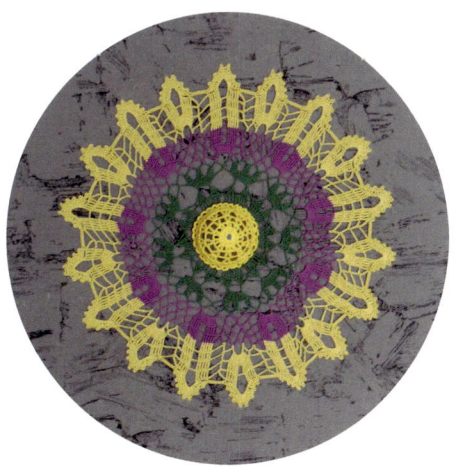

**37.** Isabel Ramos Moreno "Isabelita de Jerez"
Jerez de la Frontera, Cádiz – Zamora, 1942

Primera cantaora gitana cuyos registros han quedado grabados.

• Textil y ganchillo 60 Ø, 2022.

**38.** Luisa Ramos Antúnez "La Pompi"
Moguer, Huelva, 1845 - Sevilla, 1915

Cantaora de amplio repertorio, aunque su fuerte fueron las saetas y las bulerías.

• Textil y ganchillo 60 Ø, 2022.

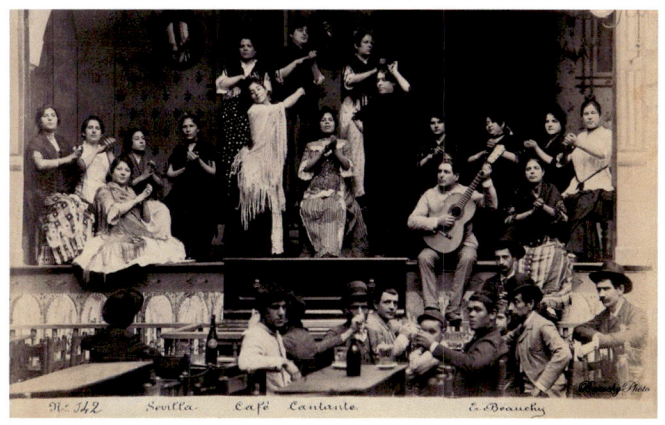

Nº 142   Sevilla   Café   Cantante   E. Beauchy

Este catálogo se terminó de imprimir el 16 de noviembre,
Día Internacional del Flamenco desde el año 2010, cuando la UNESCO
lo reconoció Patrimonio de la Humanidad.

¡Viva el Flamenco!